AF250588

DISCOVRS
FVNEBRE
SVR LA
MORT DE

Feu Monſieur de
Villeroy.

A ROVEN,

De l'Imprimerie de Marin Michel, ruë
Fleuriguet prés de Saint Viuien.

Auec Permiſſion.
1617.

AV ROY.

IRE,

Puiſque le regime des Monarchies eſt cóparé à la conduicte d'vn vaiſſeau lequel ne peut ſurgir à bon port que par la capacité des Pilotes experts qui en tiennent le gouuernail : il ſemble que la plus grande infortune qui puiſſe arriuer aux Eſtats, eſt de perdre les hommes d'eminente vertu, & du conſeil deſquels le Prince

ſe ſert en ſes affaires plus impor-
tantes. Ce ſont auſſi ceux là, qui
agiſſans ſoubs ſon authorité, ſur-
mótent genereuſemét toutes les
tempeſtes, qui peuuent menacer
la Republique de naufrage. Car
comme celuy , qui s'efforçoit
de faire tenir debout vn corps
mort , fut en fin contrainct d'a-
uoüer qu'il perdoit ſa peine, &
que ceſte maſſe immobile d'elle
meſme auoit beſoin de quelque
choſe au dedans qui la ſouſtint:
De meſme les Royaumes perdás
leurs hommes illuſtres, qui ſont
cóme l'eſprit vital qui les animé,
il faut neceſſairement que ſem-
blables à de ſimples ſouches, ils
demeurent ſans mouuemét, ſans
action, & que les Souuerains de-

ftituez de ces Lumieres facent
tout autant de faux pas que le
Cyclope d'Vliffe.

Or fi la France, SIRE, eut
jamais fujet de fe douloir de la
perte d'vn grãd & celebre Per-
fónage, c'eft aujourd'huy qu'elle doit redoubler fes larmes fe
voyant priuée du fauorable fup-
port de feu Monfieur de Villeroy, lequel nous pouuons dire
fans flatterie auoir fi bien meriué
du public qu'il eftoit tenu (fous
les aufpices de nos Roys) cóme
le bon Ange & le Genie de l'E-
ftat. Auffi confiderãt la lógueur
du temps qui luy pouuoit auoir
acquis vne fi grãde experience,
nous trouuerons qu'il à confumé
plus de cinquãte ans de fon aage

au maniement des affaires, ayant
commencé de feruir en quali-
té de Secretaire d'Eſtat ſoubz
Charles neufieſme, & continué
tout le regne d'Henry troiſieſ-
me & celuy du feu Roy voſtre
Pere de glorieuſe memoire : le
bon heur de ce digne Perſonna-
ge, où pluroſt noſtre bonne for-
tune ayant porté qu'il ſe ſoit
trouué encore aſſez vigoureux
pour ſeruir vtillement voſtre
Majeſté tout le temps de l'heu-
reuſe Regence de la Reyne voſtre Mere, & meſme depuis que
vous fuſtes declaré Majeur. Si
bien qu'ayant ainſi dignement
ſeruy quatre de nos Roys, &
mourát, (comme on dit) l'aui-
ron à la main, ſa memoire ſera

...rnellement honorée des in-
ites loüanges que la posterité ne
luy peut dénier sans vne extres-
me ingratitude. Ce n'est donc
pas en ceste feüille de papier que
ie presume d'estaller toutes les
rares vertus qui rendrót son nom
immortel. La bonne part qu'il
aura à l'histoire de la France sera
le vray Temple où les meilleu-
res plumes du siecle erigeront
des statuës à son honneur. Il me
suffira seulement SIRE, de dire
vostre Majesté que ce n'est pas
sans sujet qu'elle à tesmoigné vn
si grád desplaisir de ceste perte.
Car la bonne odeur des vertueu-
ses actions d'vn si capable Mini-
stre de l'Estat, estant non seule-
mét espáduë par tout le Royau-

me, mais les nations eſtrangeres
ayans touſiours eu ſon merite en
ſi grande admiratió, ie puis dire
que le reſſentimét de ce funeſte
accident ne peut eſtre que com-
mun à toute l'Europe. Son zele
à la Religió Catholique, ſa fide-
lité enuers ſon R O Y, ſon amour
enuers ſa patrie, ſa prudence, ſa
dexterité à la negociation des
affaires tant du dehors que du
dedãs du Royaume, la dou-
ceur de ſes mœurs, l'innocence
de ſa vie; & la facilité de ſon ac
cez ſeront les vrayes Images qui
le rendront comme touſiour
viuant dans le cœur des bon
François. Ayant ainſi veſcu il
ne pouuoit que bien mourir, &
faire vne fin vrayement digne
de luy

de luy, C'est pourquoy sçachant
que la vie de l'homme est cóme
vne horloge mótée pour autant
de temps qu'il plaist à Dieu, &
se sentant attaint d'vne maladie
violéte & aiguë qui le menaçoit
de la mort, il se resigna soudain
entre les mains de ses Peres Spi-
rituels & oubliant le monde &
le soin de toutes choses mondai-
nes, il prepara sa consciéce pour
receuoir dignement ses ſaincts
Sacremens, ayant tesmoigné en
mourant vne si grande Pieté que
seruant à jamais d'exemple, elle
nous faict croire qu'il regne
maintenant bien-heureux dans
le Ciel.

L'vnique cósolation qui peut
rester à voſtre Majeſté apres ce-

ſte playe dans le ſein de l'Eſtat,
eſt qu'auec le ſeruice que ceux
de ſa Maiſon ſçauront continuer
à ceſte Couronne , Dieu qui
reſerue encore quelques autres
Perſonnages grandement meri-
tans, & vieillis dans les charges,
auſquels la bonté diuine prolon-
gera s'il luy plaiſt les jours, pour
en ſeruant longuement, eſleuer
des rejettons à l'entour d'eux,
leſquels initiez de leur main aux
myſteres de l'Eſtat, ſe rendront
vn jour capables de l'aſſiſter, ceſte propagation & enchaiſnemét
de perſonnes ainſi nourries eſtát
comme le feu perpetuel des Ve-
ſtales, que les Romains tenoient
pour gage certain de la cóſerua-
tion de leur Empire. Il ſemble

auſſi que Dieu ait permis qu'a la
cheute de ceſte Eſtoile il ſe ſoit
n meſme téps rencontré auprés
oſtre Majeſté vne ſi notable
emblée de ſes plus confidens
ſeruiteurs, afin que comme vn
vaiſſeau battu d'vn nouuel orage
& deſpourueu d'vn tel Pilote,
ce Royaume ſe trouue muny de
doubles voiles & de doubles an-
chres pour ſon affermiſſement.
C'eſt auſſi & ſur vous, SIRE, &
ſur ceſte fleur & eſlite des trois
Ordres que toute la Fráce jette
aujourd'huy les yeux, afin que
de voſtre part ayant à cómander
à tous, vous ſoyez auſſi meilleur
que tous, la n'aiſſance des Prin-
ces, diſoit Tibere à ſes neueux,
eſtant de telle condition que

d'eux seuls despend le bien ou le mal de la Republique. Et pour ces Messieurs conuoquez comme autant de forces auxiliaires à la deffence de la Monarchie, ils procederont ie m'asseure auec tant de candeur & d'ingenuité que ne descouurans pas seulement les vlceres de l'Estat pour en concilier à autruy vne haine publique, comme quelques vns du Senat faisoyent à ce mesme Empereur, ains appliquans les remedes propres au mal & selon la complexion du malade, voire de la saison, ils nous exempterōt du blasme qu'vn Ancien donnoit aux Grecs, disant que l'ignorance des vices estoit plus vtile aux Scytes que la cognois-

sance de la vertu ne leur estoit
profitable. C'est à dire, qu'on ne
se cótétera pas de sçauoir beau-
coup de bien & de dresser force
beaux reglemés, mais qu'on les
sçaura aussi religieusemét obser-
uer. Les choses estant donc en si
beau chemin & nos cœurs allai-
ctez de ces esperances, la dou-
leur de la perte que nous venons
de reçeuoir par le decez de ce
second Nestor, sera aucunemét
adoucie à nostre consolation.

PELLETIER.